훈민정음 제자원리로 깨치는
10일 한글 쓰기

글·그림 **홍 솔**

♥   에게

순 서 및 확 인

단 계	쪽 수	월 일	확 인
1일 - 기본자음	4 - 8		
2일 - 기본모음	9 - 13		
3일 - 기본글자	14 - 17		
4일 - 가획원리	18 - 29		
5일 - 단어 1	30 - 50		
6일 - 된소리, 재출자	51 - 56		
7일 - 받침	57 - 62		
8일 - 단어 2	63 - 71		
9일 - 복잡한 모음	72 - 82		
10일 - 간단한 문장	83 - 86		

준비 선긋기　　　　　　　월　일

위　　　　　　위에서　　　왼쪽　　　　왼쪽에서
　↓　　　　　아래로　　　　　→　　　　오른쪽으로
　　아래　　　긋습니다.　　　오른쪽　　긋습니다.

1일 기본자음- 쓰기   월   일

읽기 [그]

쓰는 순서
1
2
3

[느]

[므] 순서 바르게 익히세요

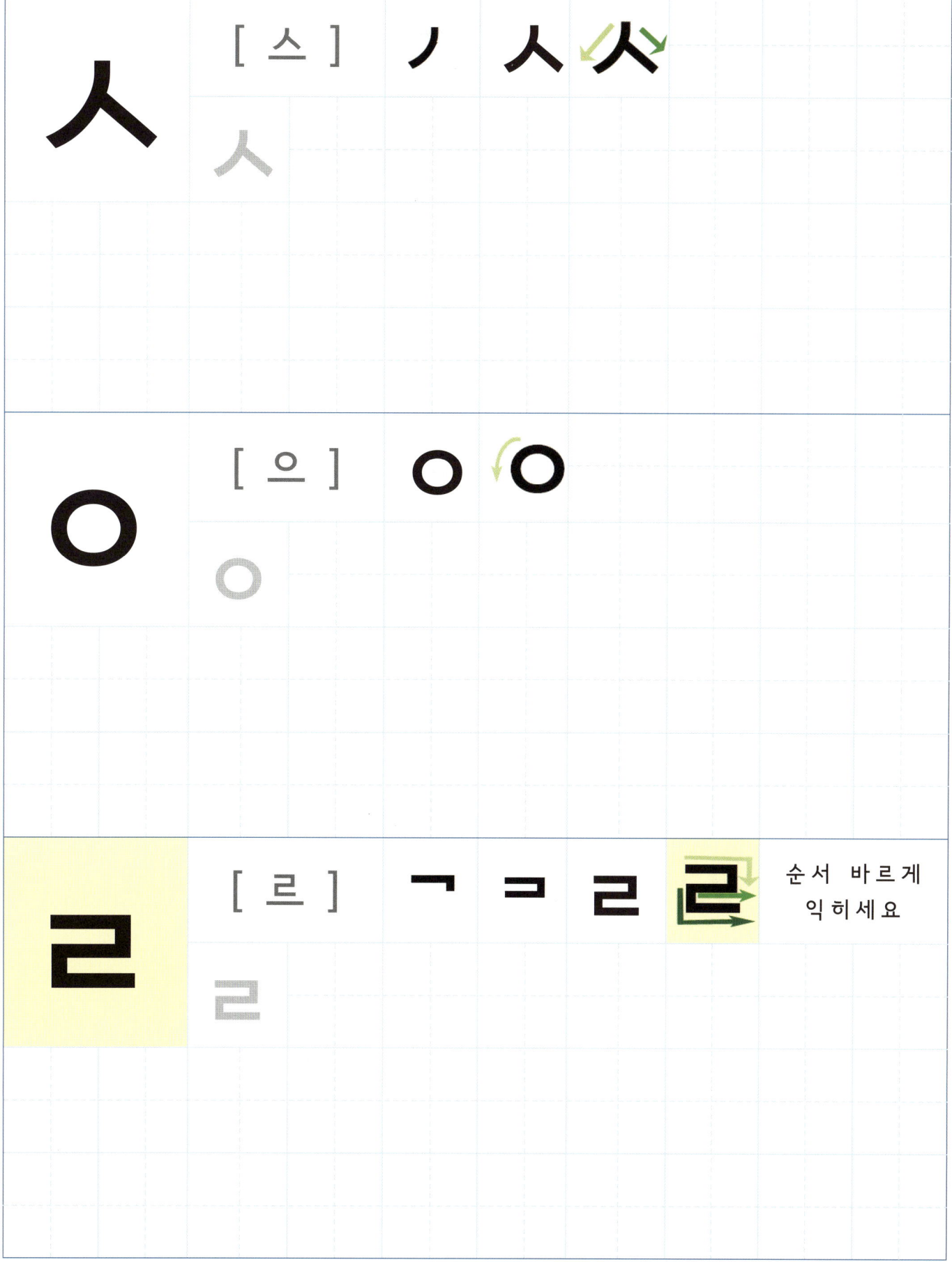

1일 기본자음 - 쓰기

월   일

ㅇ ㅁ ㅇ ㅁ

ㄱ ㅁ ㄱ ㅁ

ㄴ ㅁ ㄴ ㅁ

ㅅ ㅁ ㅅ ㅁ

ㅅ ㄹ ㅅ ㄹ

ㄴ ㄹ ㄴ ㄹ

1일 기본자음 - 그림 그리기   월   일

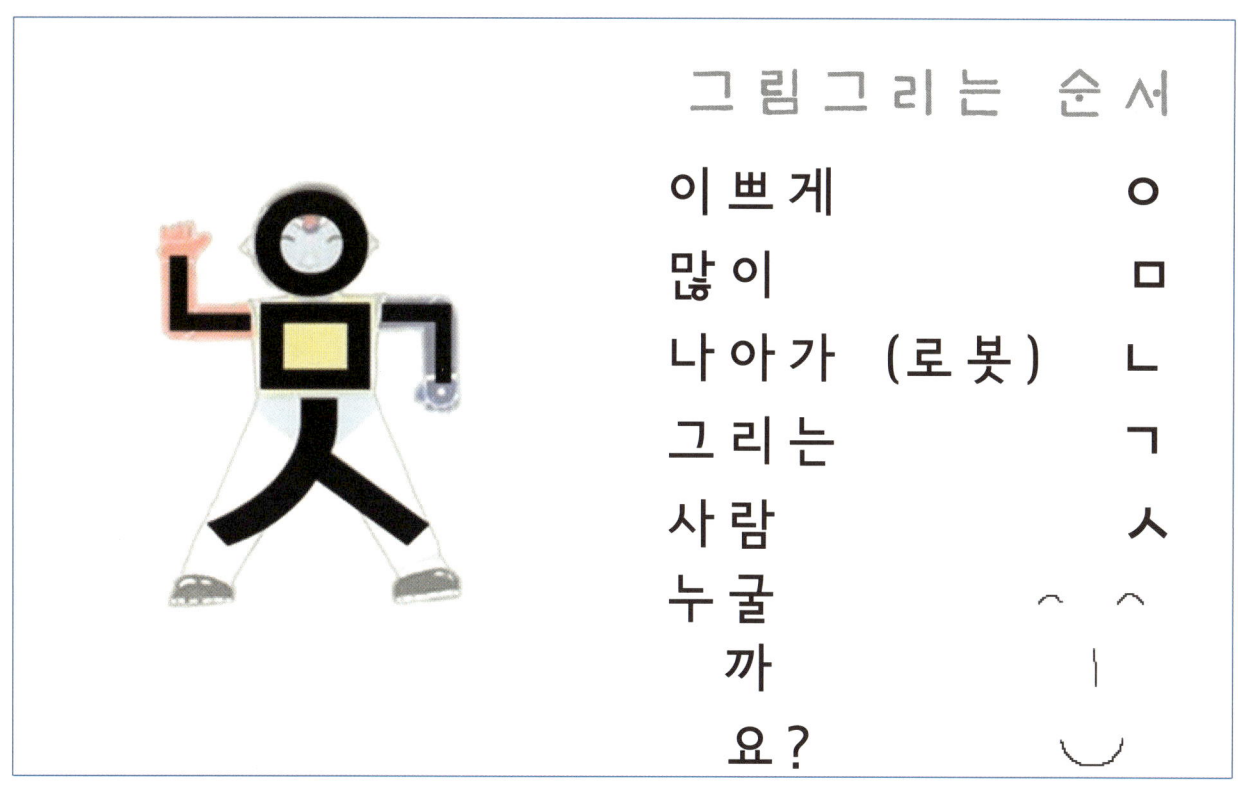

그림그리는 순서

이쁘게	ㅇ
많이	ㅁ
나아가 (로봇)	ㄴ
그리는	ㄱ
사람	ㅅ
누굴	︵ ︵
까	ㅣ
요?	︶

이쁘게	ㅇ
많이	ㅁ
나아가 (로봇)	ㄴ
그리는	ㄱ
사람	ㅅ
바로	︵ ︵
나	ㅣ
이지요	︶

1일 기본자음 - 그림 그리기   월   일

나 아 가 로봇 그리기   (   )회

2일 🌱 기본모음 - 그림 그리기   월   일

참새와 허수아비

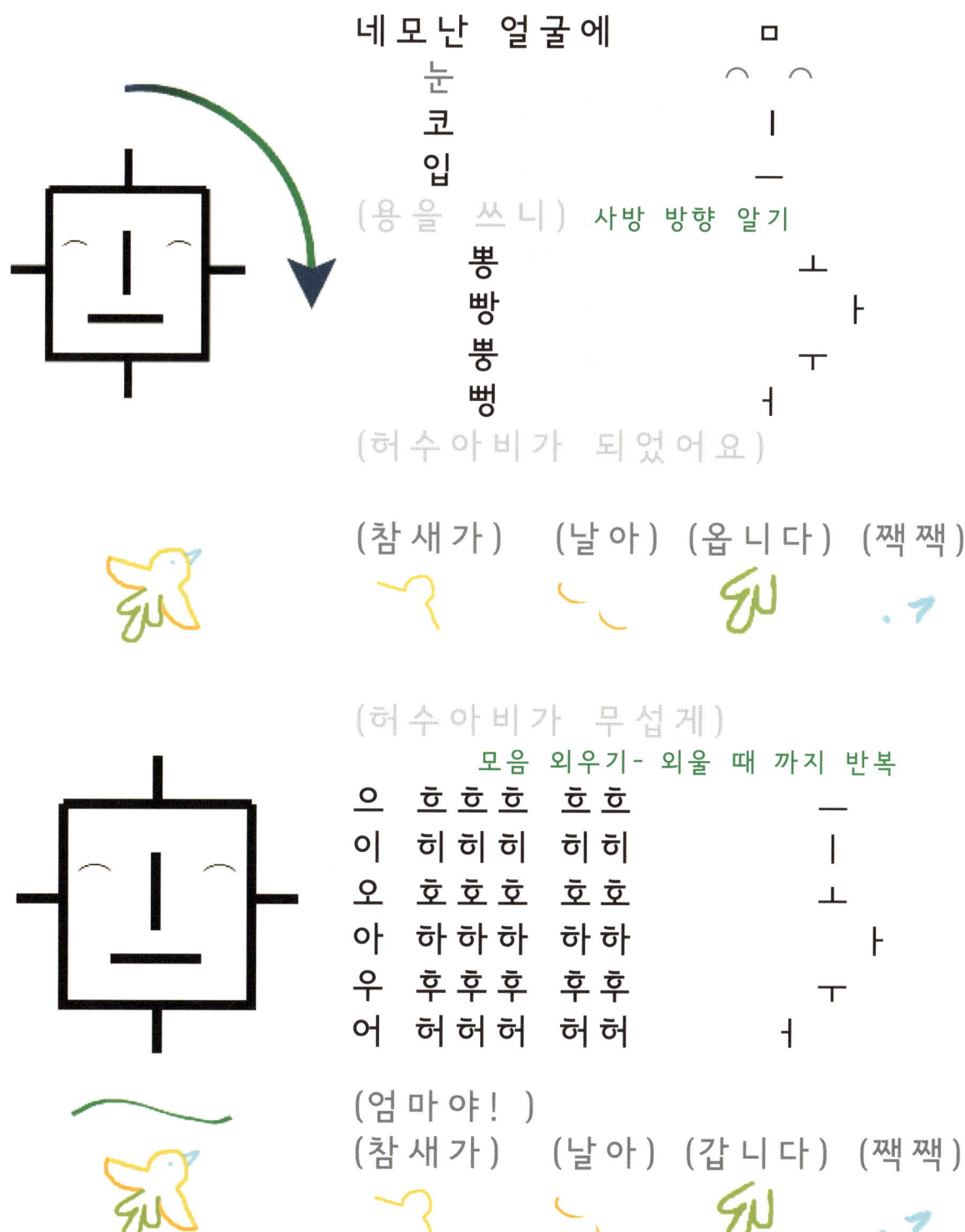

2일 기본모음 - 그림 그리기   월   일

참새와 허수아비 그리기   (   )회

2일 기본모음 - 쓰기   월   일

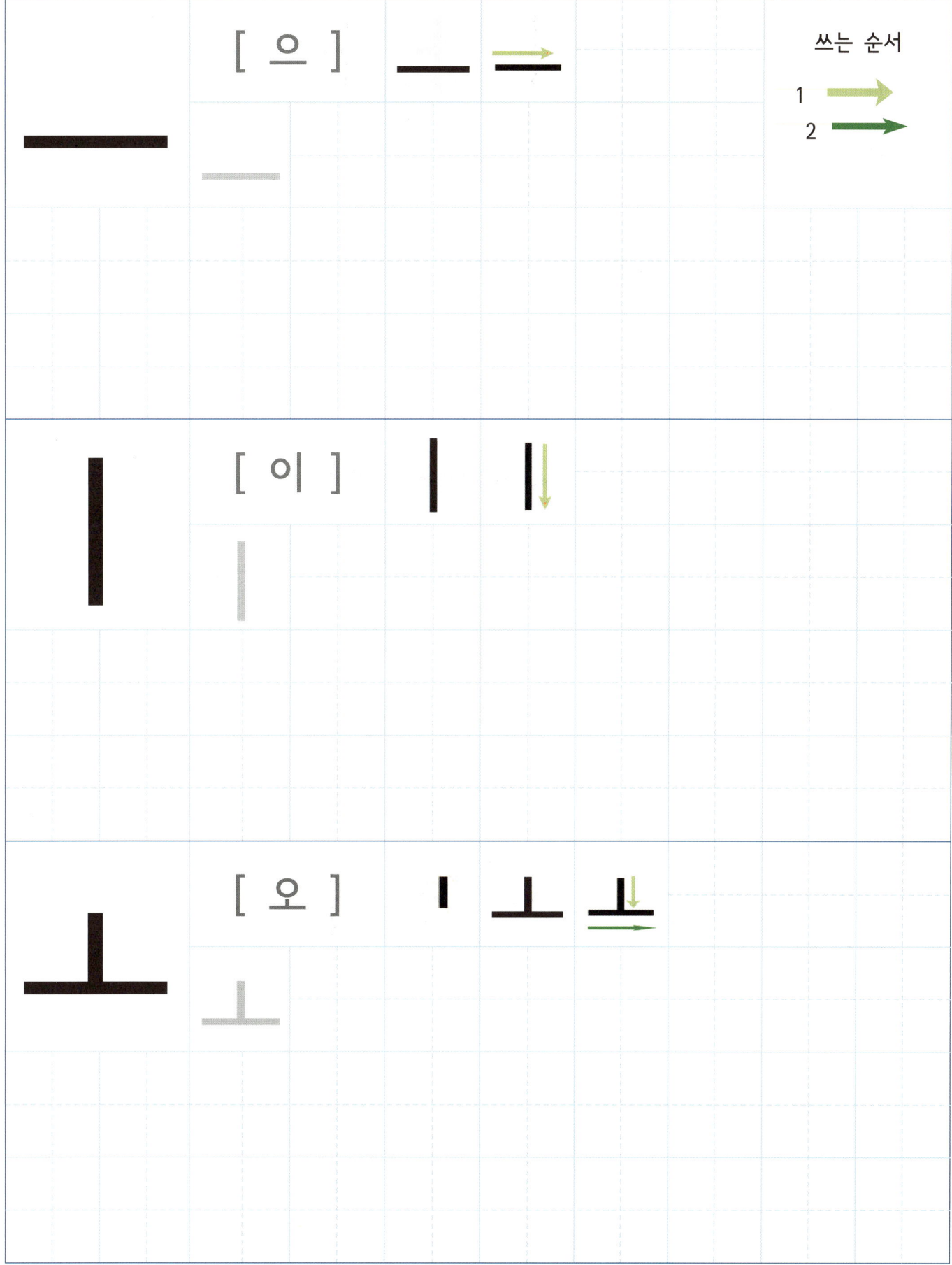

2일 기본모음 - 쓰기　　　　월　　일

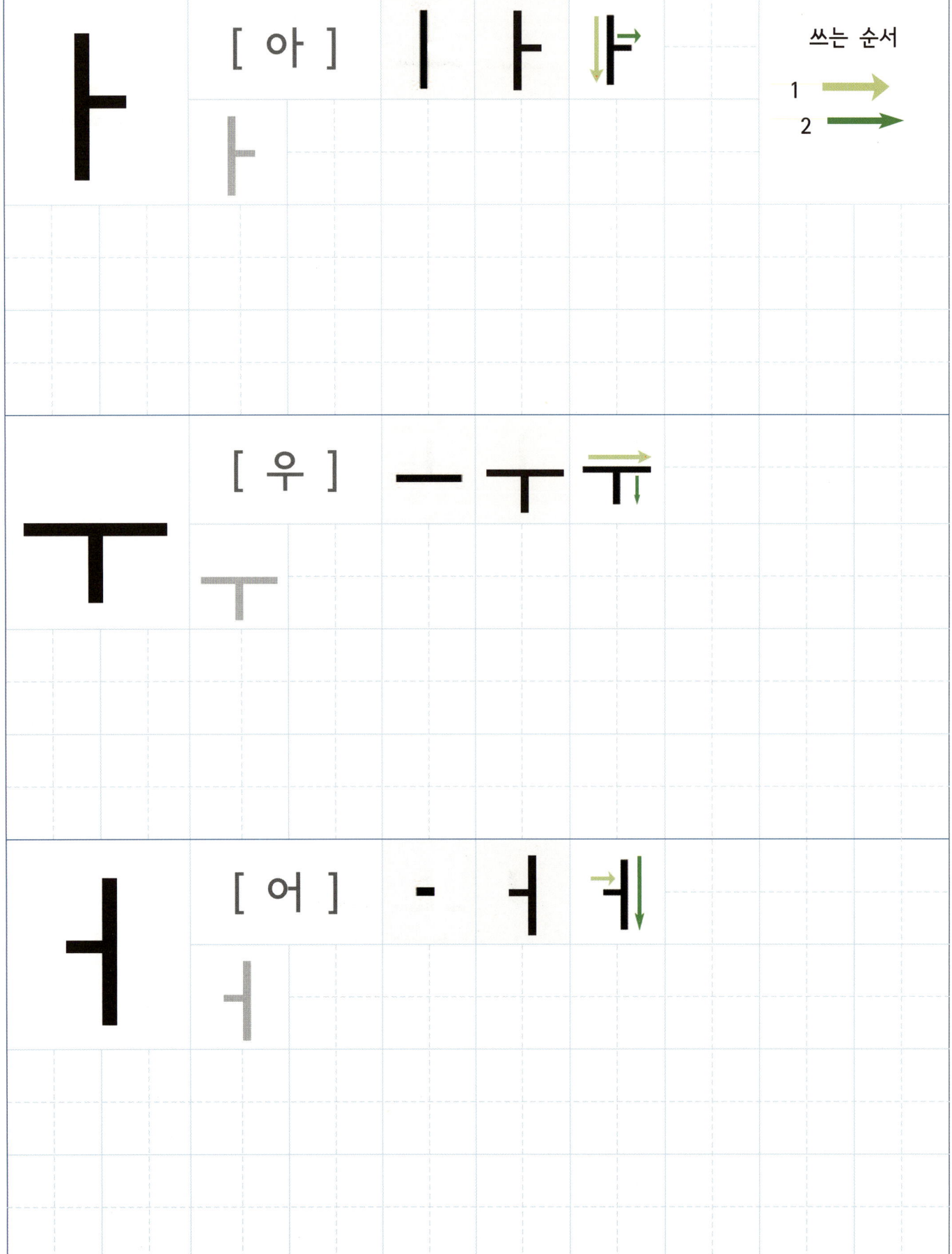

2일 기본모음 - 쓰기   월   일

ㅡ ㅗ ㅜ	ㅣ ㅏ ㅓ	ㅡ ㅣ ㅗ ㅏ ㅜ ㅓ		

- 13 -

3일 기본글자 - 쓰기   월   일

그	느	므	스	으
기	니	미	시	이
고	노	모	소	오
가	나	마	사	아
구	누	무	수	우
거	너	머	서	어

3일 기본글자 - 쓰기   월   일

3일 기본글자 - 단어 월 일

아기

오이

가수

거미

3일 기본글자 - 이름 쓰기　　월　일　이름 :

자기 이름을 써보세요

4일 가획원리 (ㄱ,ㅋ) 월 일 이름

쓰는 순서
1
2
3
4

4일 가획원리 (ㄴ, ㄷ, ㅌ)   월   일 이름

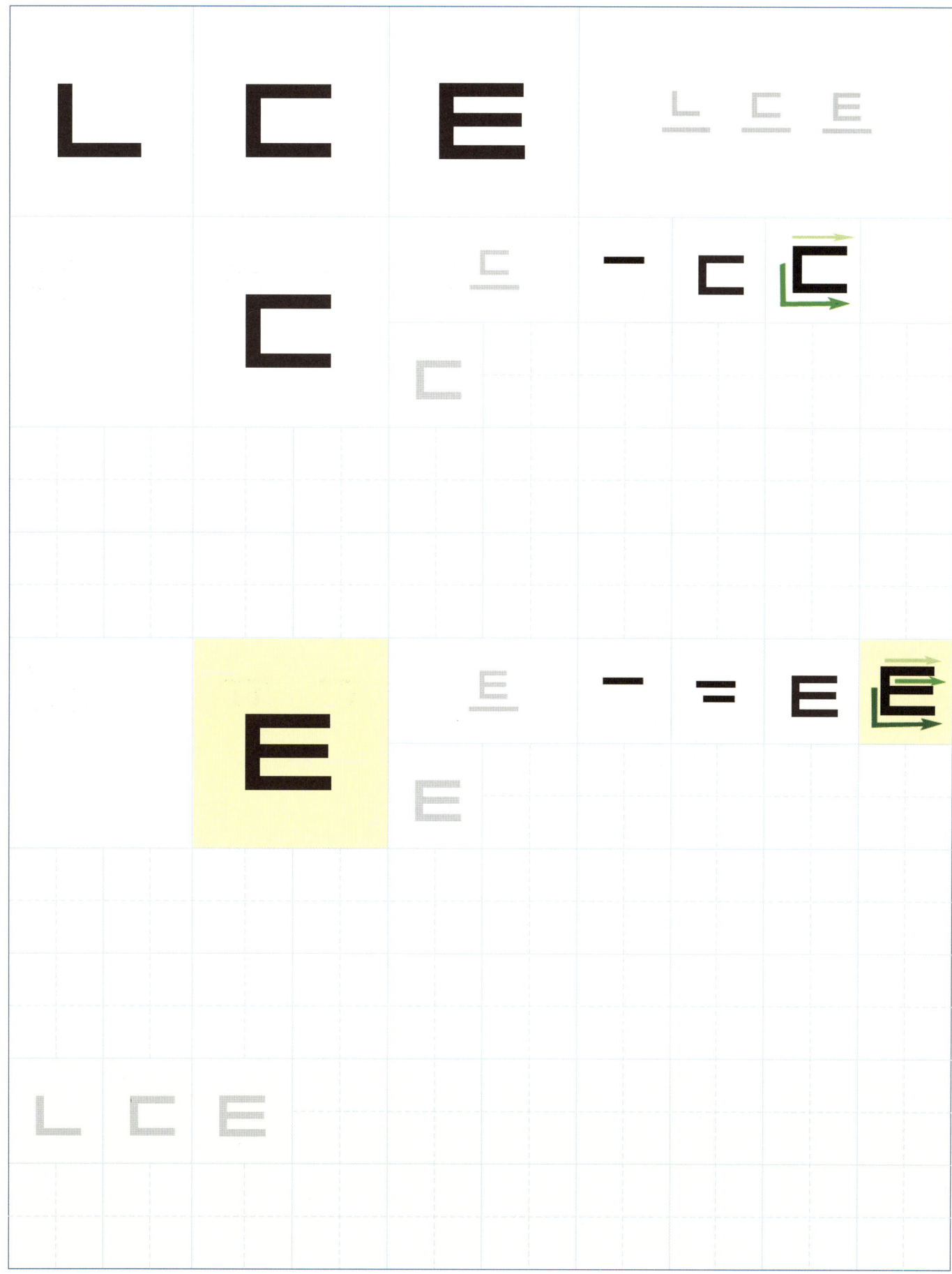

4일 가획원리 (ㅁ, ㅂ, ㅍ)   월   일   이름

ㅁ ㅂ ㅍ   ㅁ ㅂ ㅍ

ㅂ   ㅂ ㅣ ㅔ H ㅂ ㅂ
       ㅂ

ㅍ   ㅍ ㅡ ㄱ ㄲ ㅍ ㅍ
       ㅍ

ㅁ ㅂ ㅍ

4일 가획원리 (ㅅ, ㅈ, ㅊ)   월   일   이름

ㅅ ㅈ ㅊ

ㅅ ㅈ ㅊ

ㅈ
ㅈ   ㅈ   ㄱ ㅈ ㅈ
         ㅈ

ㅊ
ㅊ   ㅊ   ㆍ ㅋ ㅈ ㅊ
         ㅊ

ㅅ ㅈ ㅊ

4일 가획원리 (ㅇ, ㅎ)   월   일 이름

ㅇ ㅎ   으 ㅎ

ㅎ   ˉ = ㅎ ㅎ

ㅇ ㅎ

ㄹ   ㄱ ㄱ ㄹ ㄹ

4일 　가획원리 - 자음쓰기　　　　월　　일　이름 :

ㄱ ㅋ
ㄴ ㄷ ㅌ
ㅁ ㅂ ㅍ
ㅅ ㅈ ㅊ
ㅇ ㅎ
ㄹ

- 23 -

4일 🌱 가획원리 (ㅡ모음)   월   일 이름:

ㄱ ㄱ ㄱ	ㄱ ㄱ	ㅋ ㅋ
ㄴ ㄴ ㄴ	ㄷ ㄷ	ㅌ ㅌ
ㅁ ㅁ ㅁ	ㅂ ㅂ	ㅍ ㅍ
ㅅ ㅅ ㅅ	ㅈ ㅈ	ㅊ ㅊ
ㅇ ㅇ ㅇ	ㅇ ㅇ	ㅎ ㅎ
ㄹ ㄹ	ㄹ ㄹ	ㄹ ㄹ ㄹ

4일 👑 가획원리 (ㅣ 모음)   월   일 이름 :

기	기	기	기	기	키	키
니	니	니	디	디	티	티
미	미	미	비	비	피	피
시	시	시	지	지	치	치
이	이	이	이	이	히	히
리	리	리	리	리	리	리	리

4일 가획원리 (ㅗ모음)

고 고 고	고 고	코 코
고		
노 노 노	도 도	토 토
노		
모 모 모	보 보	포 포
모		
소 소 소	조 조	초 초
소		
오 오 오	오 오	호 호
오		
로 로	로 로	로 로 로
로		

4일 가획원리 (ㅏ모음) 월   일 이름 :

가 가 가	가 가	카 카
나 나 나	다 다	타 타
마 마 마	바 바	파 파
사 사 사	자 자	차 차
아 아 아	아 아	하 하
라 라	라 라	라 라 라

4일 가획원리 (ㅜ모음)   월   일 이름:

구 구 구	구 구	쿠 쿠
구		
누 누 누	두 두	투 투
누		
무 무 무	부 부	푸 푸
무		
수 수 수	주 주	추 추
수		
우 우 우	우 우	후 후
우		
루 루	루 루	루 루 루
루		

4일 가획원리 (ㅓ모음) 월   일 이름:

거 거 거	거 거	커 커
너 너 너	더 더	터 터
머 머 머	버 버	퍼 퍼
서 서 서	저 저	처 처
어 어 어	어 어	허 허
러 러	러 러	러 러 러

5일 받침없는 단어 (ㅡ모음)   월   일 이름:

그리스	그리스
마이크	마이크
지느러미	지느러미
버드나무	버드나무

5일 받침없는 단어 (ㅡ모음)   월   일 이름:

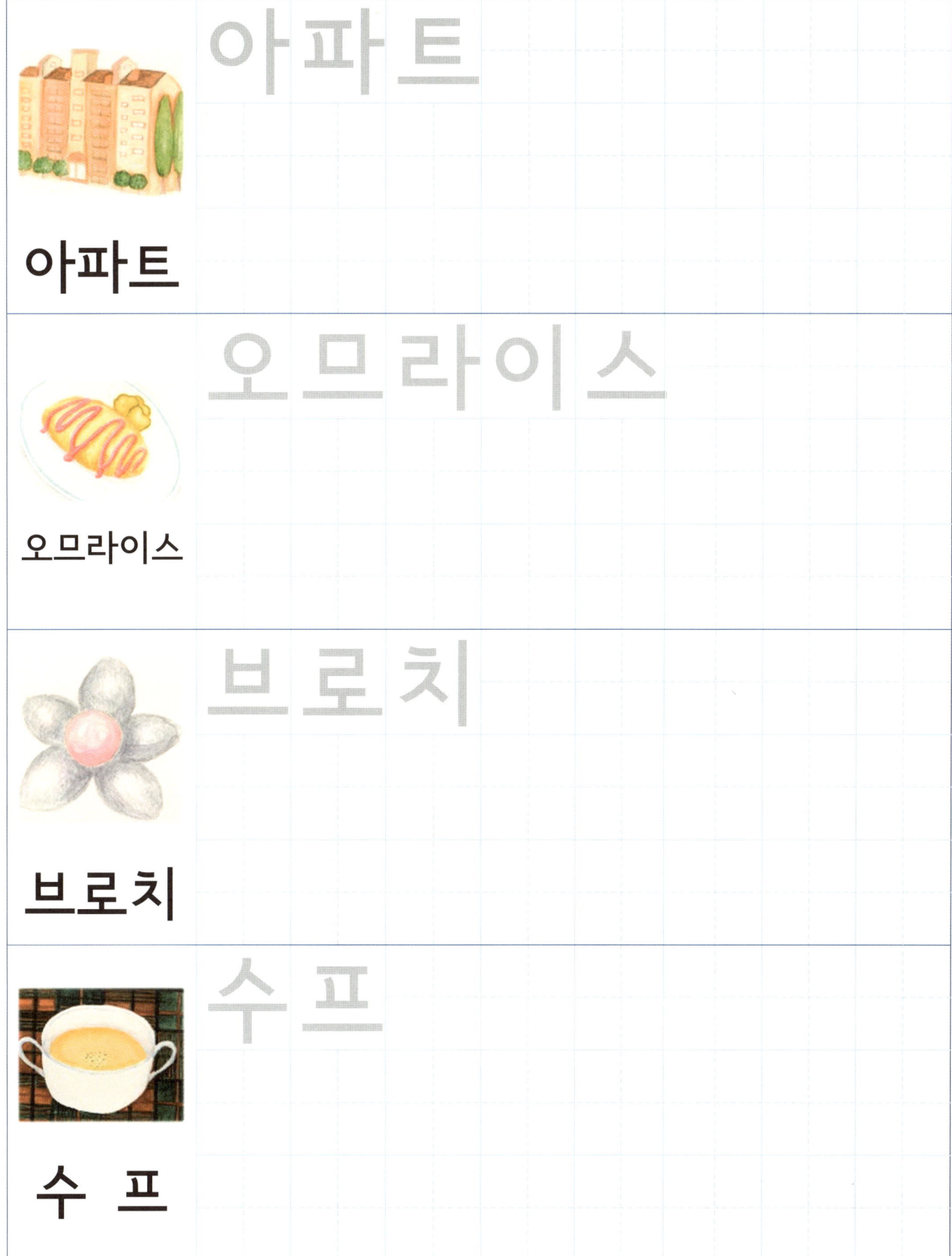

5일 받침없는 단어(ㅡ, ㅣ 모음)   월   일 이름 :

흐리다

흐리다

가르마

가르마

기도

기도

스키

스키

5일 받침없는 단어 (ㅣ모음)   월   일 이름 :

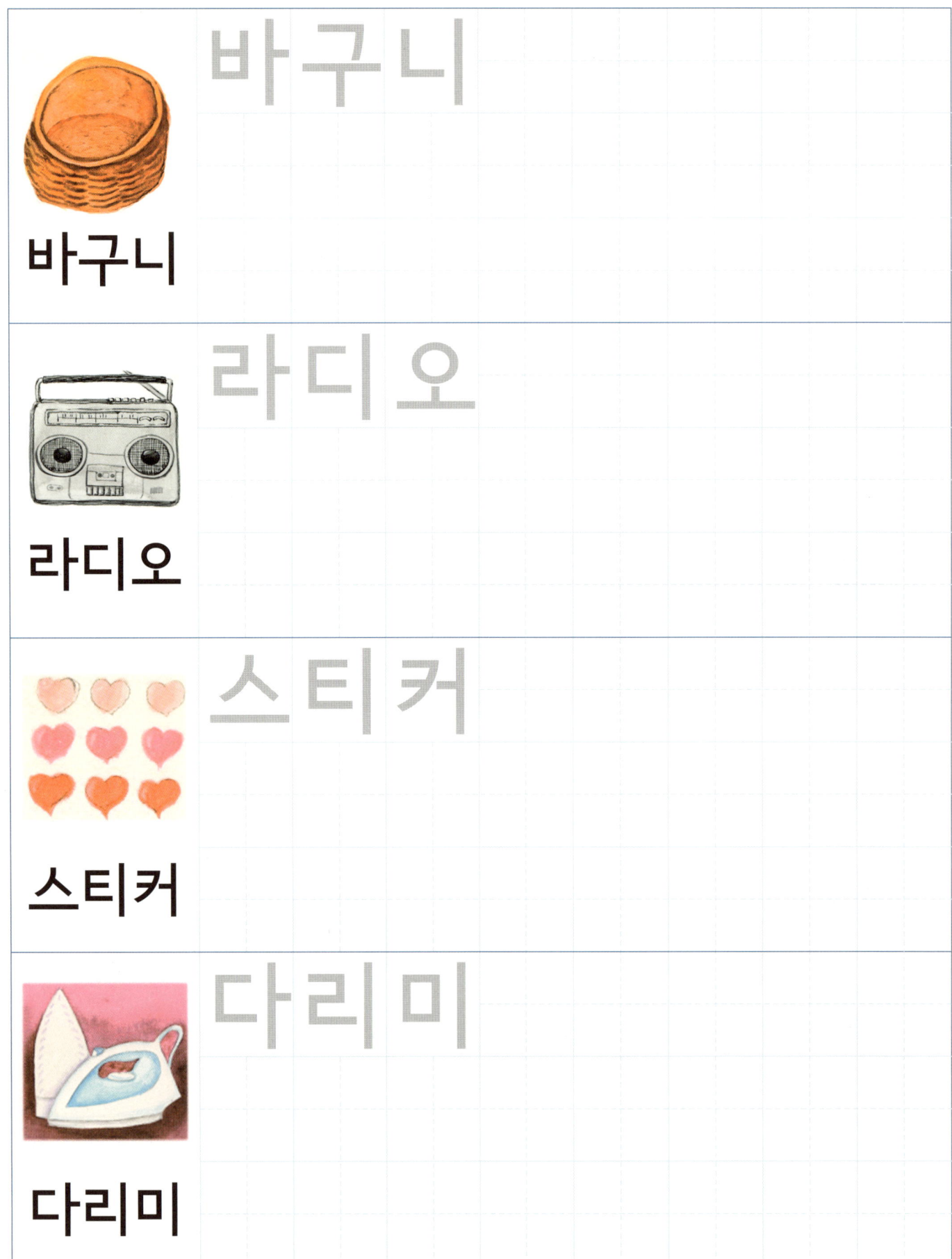

5일 받침없는 단어 (ㅣ 모음)   월   일 이름 :

비 누

피 자

시 소

지 구

- 35 -

5일 받침없는 단어 (ㅣ모음)　　　월　일　이름 :

치타
이사
조용히
피리

5일 받침없는 단어 (ㅗ모음)　　　월　일　이름 :

5일 받침없는 단어 (ㅗ모음)   월   일   이름:

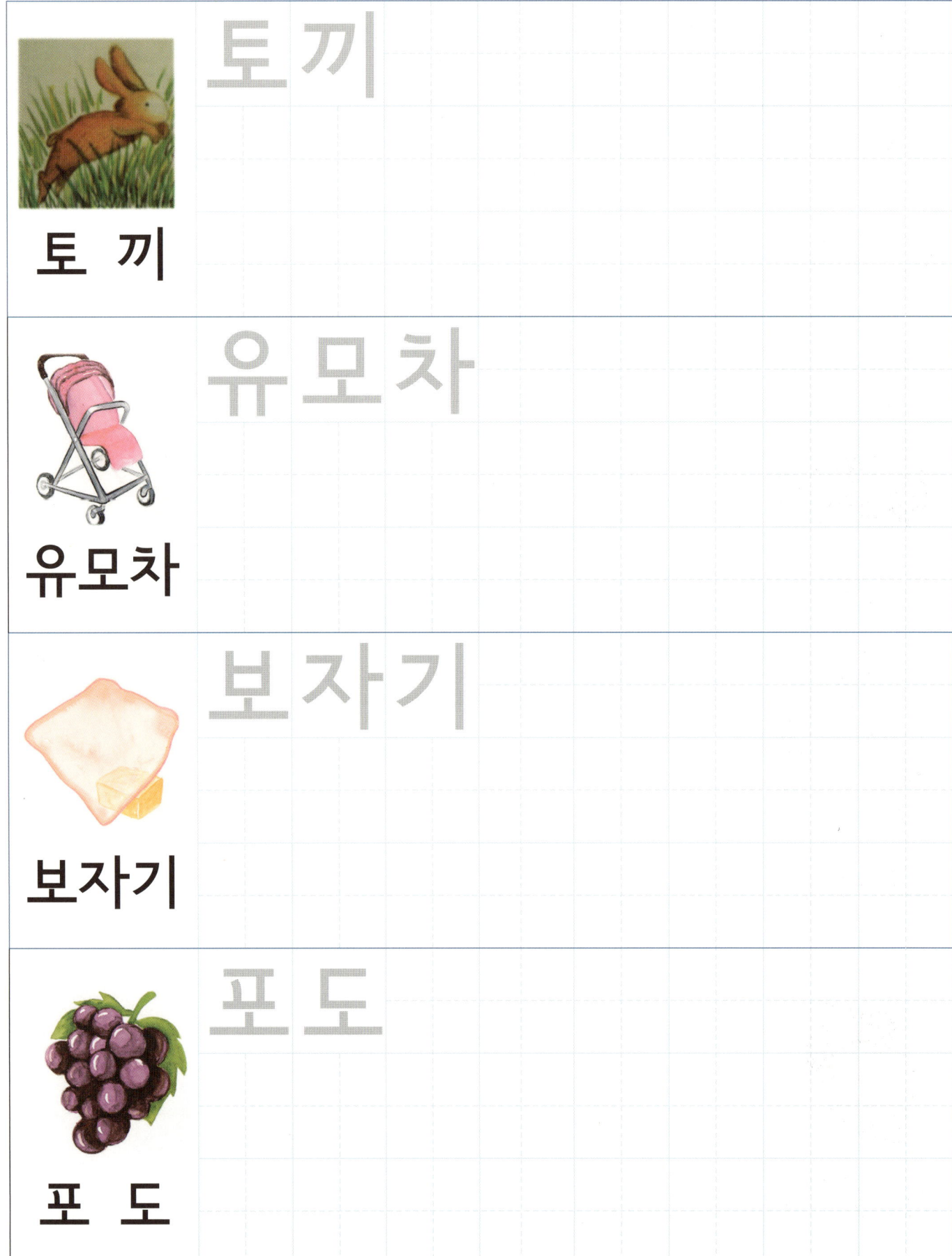

토끼

유모차

보자기

포도

5일 받침없는 단어 (ㅗ모음)   월   일 이름 :

5일 받침없는 단어 (ㅗ, ㅏ 모음)   월   일 이름 :

호 두

도 로

가 수

카 드

- 40 -

5일 받침없는 단어 (ㅏ모음)   월   일 이름:

바나나	바나나
파리	파리
사자	사 자
모자	모 자

5일 받침없는 단어 (ㅏ모음)　　　월　　일　이름 :

기 차

아 기

하 마

소 라

5일 받침없는 단어 (ㅜ모음)   월   일 이름 :

구두

쿠키

누나

두부

- 44 -

5일 받침없는 단어 (ㅜ모음)   월   일 이름:

투 수

무

부 리

푸 들

5일 받침없는 단어 (ㅜ모음)   월   일 이름 :

옥수수	옥수수
주사기	주사기
고 추	고추
우 산	우산

5일 받침없는 단어 (ㅜ, ㅓ 모음)   월   일 이름:

후 추

노 루

거 미

커 피

5일 받침없는 단어 (ㅓ모음)   월   일 이름 :

너구리

너구리

두더지

두더지

버터

버 터

머리

머 리

- 48 -

5일 받침없는 단어 (ㅓ모음)   월   일 이름:

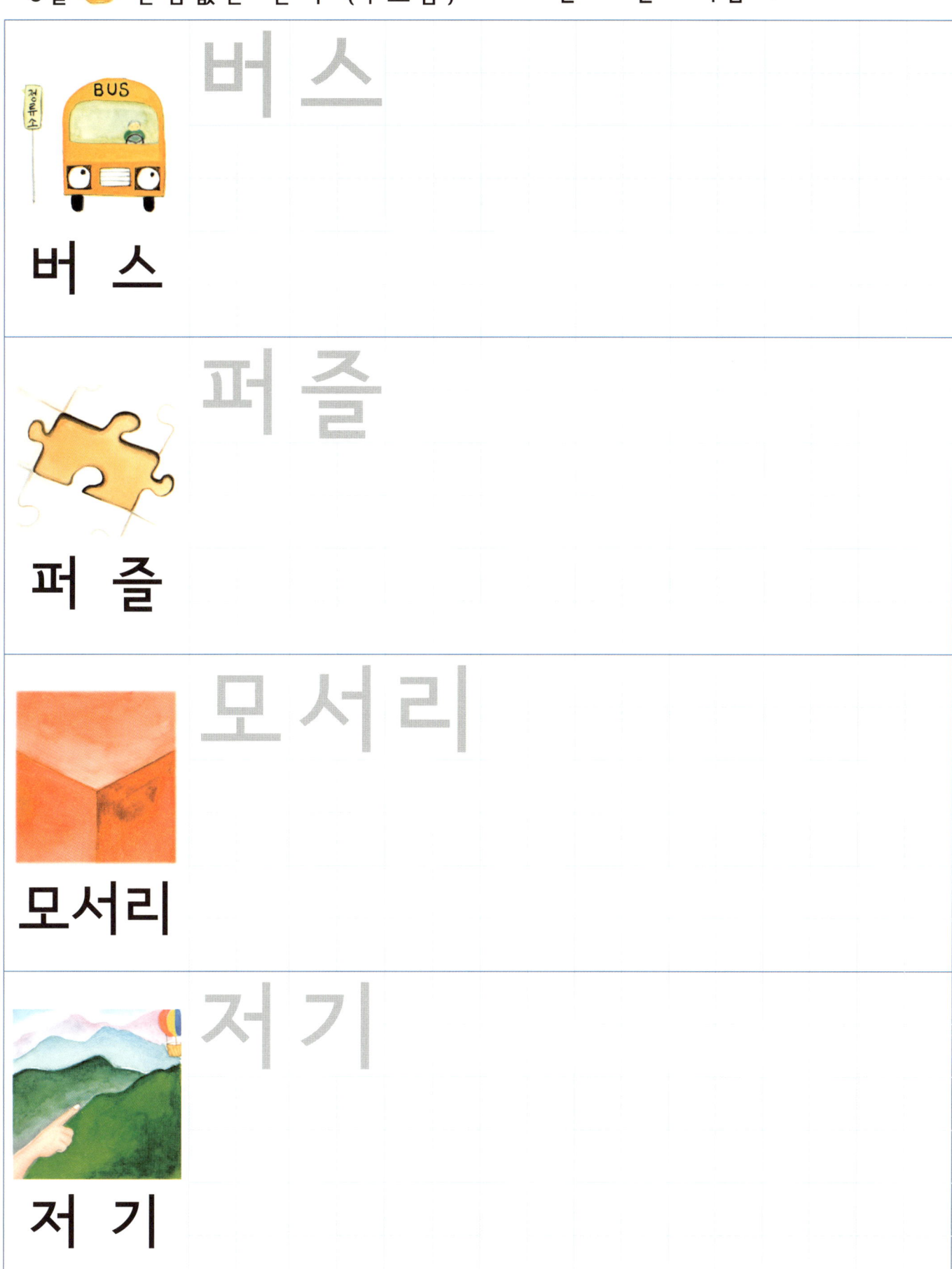

5일 받침없는 단어 (ㅓ모음)   월 일 이름:

6일 된소리, 재출자　　　　월　일　이름 :

ㄲ　ㄲ　ㄲ

ㄸ　ㄸ　ㄸ

ㅃ　ㅃ　ㅃ

ㅆ　ㅆ　ㅆ

6일 된소리, 재출자

쯔

쯔 ㅈㅈ 쯔

ㅛ
요 ㅣ ㅔ ㅛ ㅛ ㅛ

ㅑ
야 ㅣ ㅏ ㅑ ㅑ ㅑ

ㅠ
유 ㅡ ㅜ ㅠ ㅠ ㅠ

ㅕ
여 ㆍ ㆍ ㆍ ㅓ ㅖ ㅕ

6일 된소리, 재출자 - 단어   월   일 이름:

	까치
까치	

	꼬리
꼬리	

	꿀벌
꿀벌	

	똥
똥	

6일 된소리, 재출자 - 단어   월   일 이름:

	코끼리
코끼리	

	뽀뽀
뽀 뽀	

	뿌리
뿌 리	

	아빠
아 빠	

6일 된소리, 재출자 - 단어 　　　월　일　이름 :

야 구

피 겨

여 우

혀

- 55 -

6일 된소리, 재출자 - 단어   월   일 이름:

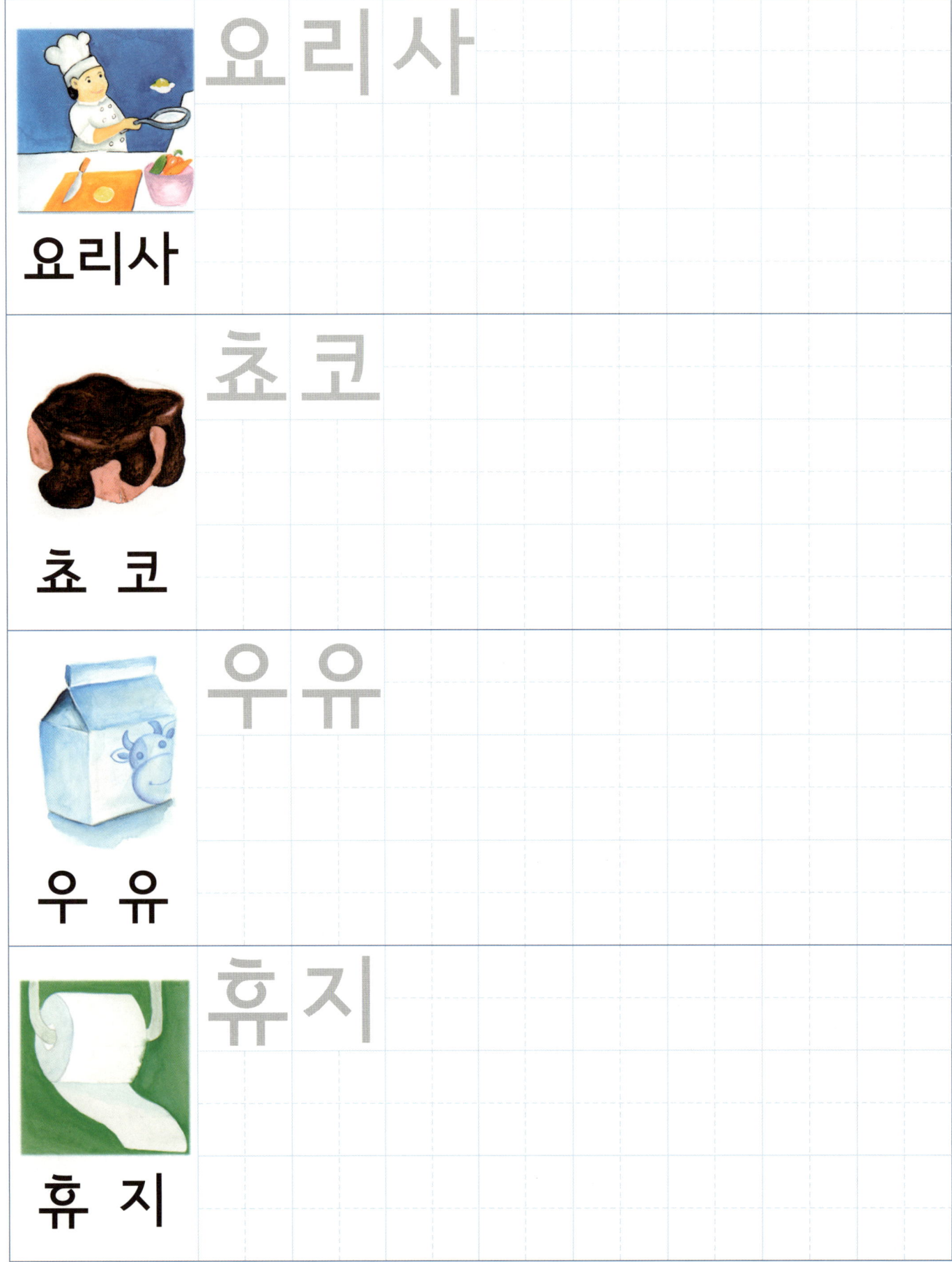

요리사

쵸코

우유

휴지

7일 받침 익히기 (ㅇ)

공 : 고 응, 고응 -, 고응 -, 공, 공

강 : 가 응, 가응 -, 가응 -, 강, 강

공	강
농	낭
몽	망
송	상
옹	앙

7일 받침 익히기 (ㄹ)

골 : 고 을, 고**을** - , 고**을** - , 골, 골

갈 : 가 을, 가**을** - , 가**을** - , 갈, 갈

골	갈
놀	날
몰	말
솔	살
올	알

7일 받침 익히기 (ㅁ)

곰 : 고 음, 고음 -, 고음 -, 곰, 곰

감 : 가 음, 가음 -, 가음 -, 감, 감

곰	감
놈	남
몸	맘
솜	삼
옴	암

7일 받침 익히기 (ㄴ)   월   일 이름:

곤 : 고 은, 고은 - , 고은 - , 곤, 곤
간 : 가 은, 가은 - , 가은 - , 간, 간

곤	곤	간	간
논	논	난	난
몬	몬	만	만
손	손	산	산
온	온	안	안

7일 받침 익히기 (ㄱ)   월   일 이름:

곡 : 고 윽, 고윽 - , 고윽 - , 곡, 곡

각 : 가 윽, 가윽 - , 가윽 - , 각, 각

곡	각
녹	낙
목	막
속	삭
옥	악

7일 받침 익히기 (ㅂ)

곱 : 고 읍, 고읍 -, 고읍 -, 곱, 곱
갑 : 가 읍, 가읍 -, 가읍 -, 갑, 갑

곱	갑
놉	납
몹	맙
솝	삽
옵	압

8일 받침있는 단어 (ㅇ)   월   일 이름 :

고양이

공룡

호랑이

장미

8일 받침있는 단어 (ㄹ)   월   일 이름 :

화장실

화장실

발

발

달

달

할아버지

할아버지

8일 받침있는 단어 (ㅁ)   월   일 이름:

8일 받침있는 단어 (ㄴ)   월   일 이름 :

	당근
당 근	

	자전거
자전거	

	기린
기 린	

	신호등
신호등	

8일 받침있는 단어(ㄴ,ㄹ,ㅁ,ㅇ) 월 일 이름:

8일 받침있는 단어 (ㄱ)   월   일 이름 :

8일 받침있는 단어 (ㅂ, ㅍ)   월   일 이름 :

접시

비빔밥

컵

앞치마

8일 받침있는 단어 (ㄷ,ㅅ)   월   일   이름 :

숟가락

돋보기

로봇

젓가락

8일 받침있는 단어(ㅈ,ㅊ,ㅌ)   월   일 이름:

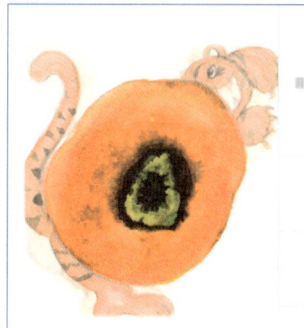
곶 감

밤 낮

꽃 밭

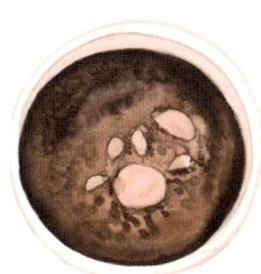
단팥죽

9일 🌟 복잡한 모음   월   일 이름 :

훈민정음 기본모음	기본모음 + 기본모음	기본모음 + 'ㅣ'모음	재출자 + 'ㅣ'모음	기본모음 + 기본모음 + 'ㅣ'모음
ㅡ ㅣ		ㅢ		
ㅗ ㅏ	ㅘ	ㅚ ㅐ	ㅒ	ㅙ
ㅜ ㅓ	ㅝ	ㅟ ㅔ	ㅖ	ㅞ

ㅘ

ㅝ

ㅢ

9일 복잡한 모음   월   일 이름 :

ㅚ	ㅐ
ㅟ	ㅔ
ㅒ	
ㅖ	
ㅙ	
ㅞ	

9일 복잡한 모음 (ㅘ)   월   일 이름:

사 과	사과
화 가	화가
무궁화	무궁화
전화기	전화기

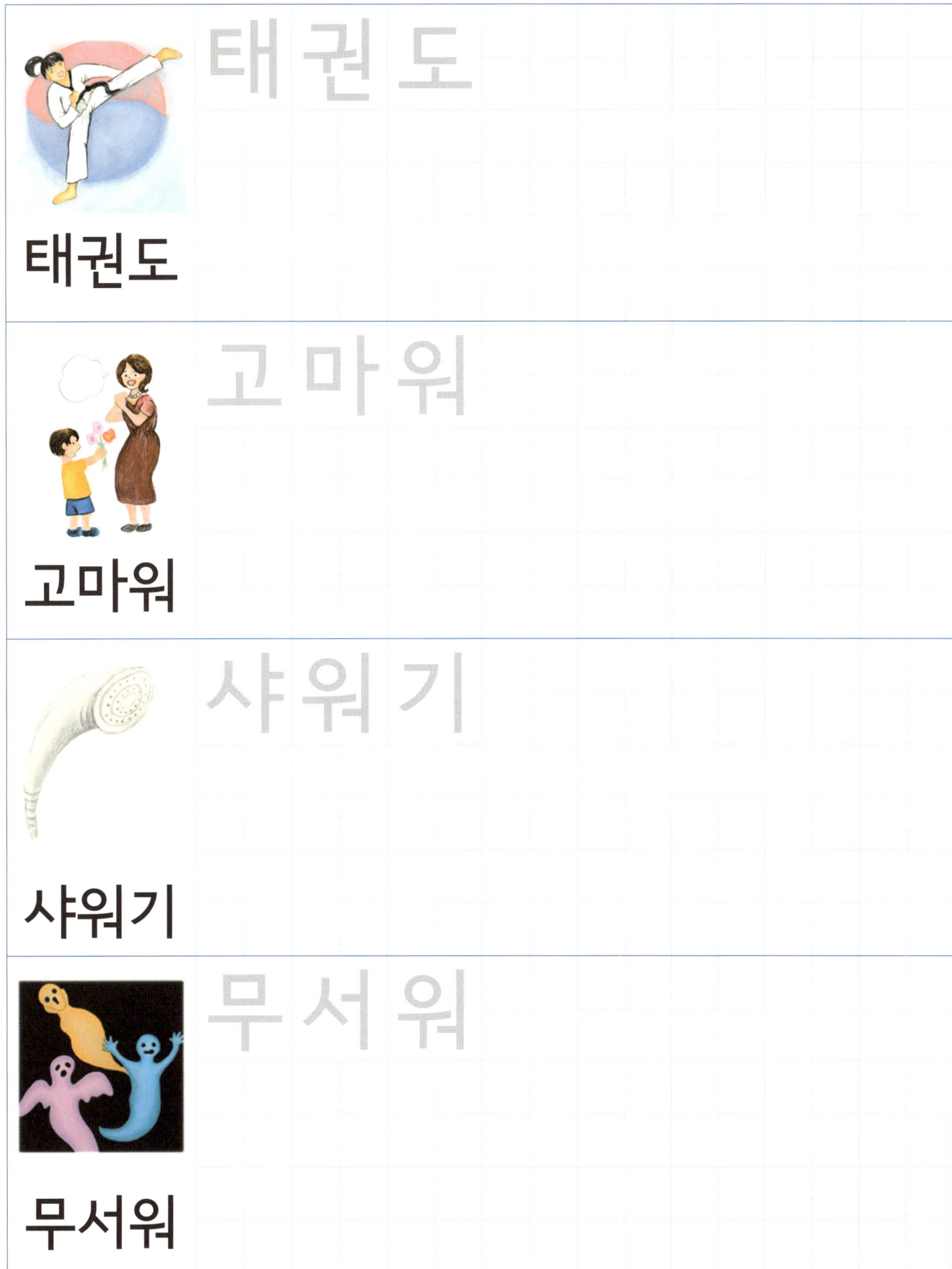

9일 복잡한 모음 (ㅢ) 월 일 이름 :

무 늬

무늬

의 사

의사

의 자

의자

희 망

희망

9일 복잡한 모음 (ㅚ)   월   일 이름 :

괴 물	괴물
열 쇠	열쇠
참 외	참외
교 회	교회

9일 복잡한 모음 (ㅐ)   월   일 이름 :

개미

개미

매미

매미

배추

배추

비행기

비행기

9일 복잡한 모음 (ㅟ) 　월　　일　이름 :

귀

가 위

주사위

키 위

9일 복잡한 모음 (ㅔ) 월 일 이름:

게

게

그네

그네

크레파스

크레파스

케이크

케이크

9일 복잡한 모음 (ㅐ, ㅖ)　　　월　일　이름:

애기

공예

시계

차례

9일 복잡한 모음 (ㅐ, ㅔ)   월   일 이름:

돼지

돼지

왜가리

왜가리

스웨터

스웨터

웨딩드레스

웨딩드레스

10일 간단한 문장

가 자	가 자	사 자	나 라
가 자	가 자	바 다	나 라
가 자	가 자	마 차	나 라
가 자	가 자	바 나 나	나 라
가 자	가 자		나 라
가 자	가 자		나 라
가 자	가 자		나 라
가 자	가 자		나 라

10일 간단한 문장

어머나, 너 누구니?

나 호랑이야.

어머나, 너 누구니?

나 기린이야.

어머나, 너 누구니?

나 코끼리야.

어머나, 너 누구니?

나

빈칸에 지어내어 적어 보세요.

10일 간단한 문장

비가　오니

아빠　나무　하하하

비가　오니

엄마　나무　호호호

비가　오니

아기　새　아이　심심해

비가　오니

10일 간단한 문장

어머니 아버지

감사합니다. 사랑합니다.

할머니 할아버지

감사합니다. 사랑합니다.

선생님

감사합니다. 사랑합니다.

감사합니다. 사랑합니다.

한글자음 이름과 순서

자음 이름의 첫 자는 자음에 모음 'ㅣ'를 더하고 자음의 끝 자는 '으'에다가 자음 받침을 더합니다. 기윽, 디읃, 시읏이 아닌 이유는 16세기 최세진의 <훈몽자회>에서 한글 자모 이름을 붙일 때 윽, 읃, 읏의 해당 한자가 없어 역, 귿, 옷 비슷한 발음으로 대체했기 때문이라고 합니다.

ㄱ	기역	ㄴ	니은
ㄷ	디귿	ㄹ	리을
ㅁ	미음	ㅂ	비읍
ㅅ	시옷	ㅇ	이응
ㅈ	지읒	ㅊ	치읓
ㅋ	키읔	ㅌ	티읕
ㅍ	피읖	ㅎ	히읗

한글모음 이름과 순서

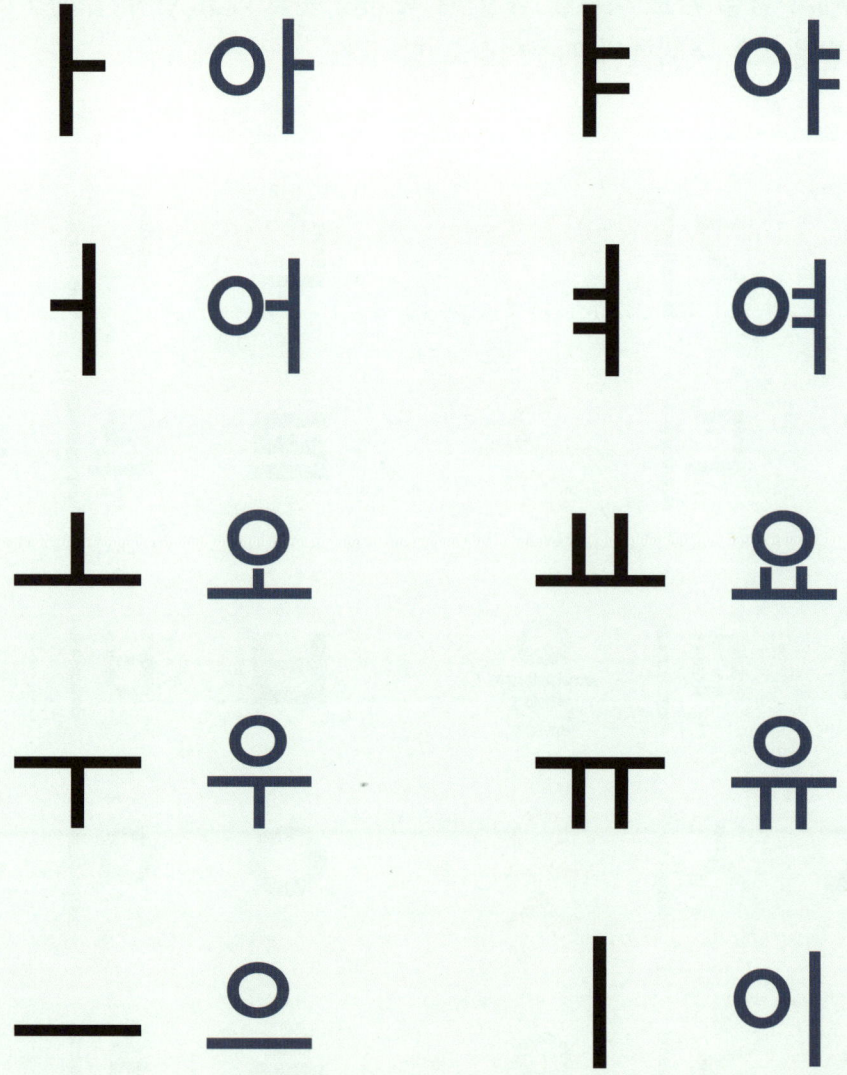

처음 한글 깨치기를 할 때는 과학적이고 쉽기 때문에 **훈민정음 제자원리**로 익히며, 일상생활 모든 순서는 **한글 순서**입니다.
이제 한글이름과 순서를 외우세요

한글자음과 모음 쓰기

ㄱ	ㄴ	ㄷ	ㄹ	ㅁ	ㅂ	ㅅ
ㅇ	ㅈ	ㅊ	ㅋ	ㅌ	ㅍ	ㅎ
ㄱ	ㄴ	ㄷ	ㄹ	ㅁ	ㅂ	ㅅ
ㅇ	ㅈ	ㅊ	ㅋ	ㅌ	ㅍ	ㅎ

ㅏ	ㅑ	ㅓ	ㅕ	ㅗ	ㅛ	
ㅜ	ㅠ	ㅡ	ㅣ			
ㅏ	ㅑ	ㅓ	ㅕ	ㅗ	ㅛ	
ㅜ	ㅠ	ㅡ	ㅣ			

한글자음과 모음 쓰기

ㄱ	ㄴ	ㄷ	ㄹ	ㅁ	ㅂ	ㅅ
ㅇ	ㅈ	ㅊ	ㅋ	ㅌ	ㅍ	ㅎ
ㄱ	ㄴ	ㄷ	ㄹ	ㅁ	ㅂ	ㅅ
ㅇ	ㅈ	ㅊ	ㅋ	ㅌ	ㅍ	ㅎ
ㅏ	ㅑ	ㅓ	ㅕ	ㅗ	ㅛ	
ㅜ	ㅠ	ㅡ	ㅣ			
ㅏ	ㅑ	ㅓ	ㅕ	ㅗ	ㅛ	
ㅜ	ㅠ	ㅡ	ㅣ			

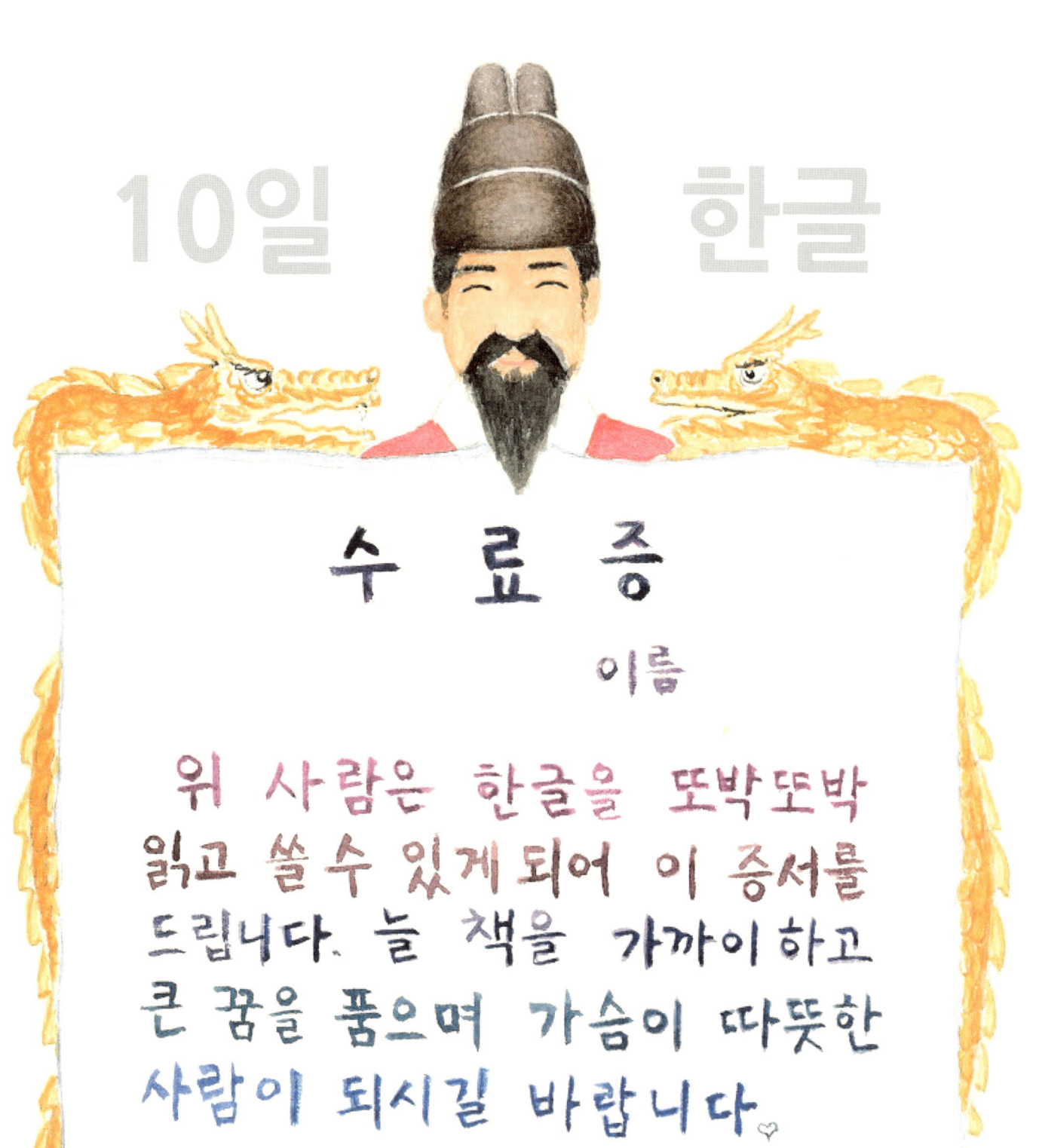

'10일 한글' 책 속에 있는 낱말

가르마: 이마에서 머리 뒤쪽으로 머리카락을 양쪽으로 갈랐을 때 생기는 금.
가수: 노래하는 일을 직업으로 하는 사람.
가야금: 열두 줄의 현을 손가락으로 뜯어 소리를 내는 한국의 전통 현악기 중 하나.
가위: 종이나 천, 머리카락 등을 자르는 도구.
가획: 글자에 획을 더 그어 보탬
감자: 껍질은 연한 갈색이며 속은 연한 노란색인, 땅속에서 자라는 둥근 덩이 모양의 줄기.
개미: 주로 기어 다니며 땅 속에 굴을 파고 떼를 지어 사는 작고 허리가 가는 곤충.
까치: 머리에서 등까지는 검고 윤이 나며 어깨와 배는 흰,사람의 집 근처에 사는 새.
꼬리: 동물의 몸뚱이의 뒤 끝에 달려 있거나 나와있는 부분.
꾀꼬리: 털빛이 노랗고 울음소리가 매우 아름다운 여름 철새.
거미: 몸에서 끈적끈적한 줄을 뽑아 그물을 쳐서 벌레를 잡아먹고 사는 작은 동물.
게: 온몸이 단단한 껍질로 싸여 있으며 열 개의 발이 있어 옆으로 기어 다니는 동물.
경찰관: 사회의 질서를 지키고 국민의 안전과 재산을 보호하는 일을 하는 공무원.
고구마: 껍질이 갈색 또는 붉은 색으로 속살은 노르스름하고 맛이 달면서 구수한, 식물의 뿌리.
고양이: 어두운 곳에서도 사물을 잘 보고 쥐를 잘 잡으며 집 안에서 기르기도 하는 자그마한 동물.
고추: 손가락만한 크기로 처음에는 초록색이나 익으면 빨갛게 되고 매운 맛이 나는 열매.
공룡: 아주 오래 전에 땅 위에서 살다가 지금은 없어진, 몸이 아주 큰 동물.
공예: 일상생활에 필요한 물건을 실용적이면서 아름답게 만드는 일.
공책: 글씨를 쓰거나 그림을 그릴 수 있도록 줄이 쳐져 있거나 빈 종이로 매어 놓은 책.
곶감: 껍질을 벗겨 꼬챙이에 꿰어 말린 감.

괴물: 괴상한 동물.
꽹과리: 놋쇠로 둥글게 만든, 한 손에 들고 채로 쳐서 소리를 내는 한국 악기.
꽃씨: 꽃의 씨앗.
교회: 예수 그리스도를 구세주로 믿고 따르는 사람들의 공동체. 또는 그런 사람들이 모여 종교 활동을 하는 장소.
구두: 정장을 입었을 때 신는 가죽, 비닐 등으로 만든 신발.
구름: 공기 속의 작은 물방울이나 얼음 알갱이가 한데 뭉쳐 하늘에 떠 있는 것.
귀: 사람이나 동물의 머리 양옆에 있어 소리를 듣는 몸의 한 부분.
귀신: 사람이 죽은 뒤에 남는다고 하는 영혼.
그네: 길게 늘어뜨린 두 줄에 발판이나 앉을 자리를 달아 거기에 타서 몸을 앞뒤로 왔다 갔다 흔들게 하는 놀이 기구.
그리스: 유럽 남동쪽에 있는 나라. 서양 고대 문명의 발상지로 주산업은 농업이다. 공용어는 그리스 어이고 수도는 아테네이다.
기도: 바라는 바가 이루어지도록 절대적 존재 혹은 신앙의 대상에게 비는 것.
기러기: 겨울에 북쪽에서 남쪽으로 떼지어 날아와 강, 호수, 바다에서 살다가는 큰 새.
기린: 이마 양쪽에 짧은 뿔이 있으며 목과 다리가 아주 긴 동물.
기차: 사람이나 물건을 싣고 연료의 힘으로 철도 위를 달리는, 길이가 긴 차.
기차표: 기차를 타기 위하여 돈을 내고 사는 표.
김밥: 밥과 여러 가지 반찬을 김으로 말아 싸서 썰어 먹는 음식.
김치: 배추나 무 등의 채소를 소금에 절인 후 양념에 버무려 발효시켜서 만든 음식.

나비: 가는 몸통에 예쁜 무늬가 있는 넓적한 날개를 가지고 있고 긴 대롱으로 꿀을 빨아 먹으며 사는 곤충.
너구리: 몸이 굵고 다리와 꼬리가 짧으며 몸은 누렇고 목, 가슴, 다리는 검은색을 띠는 야행성 포유류 동물.
노루: 갈색의 짧은 털이 있고 꼬리가 아주 짧으며 수컷은 세 갈래로 나뉜 뿔이 있는 사슴과의 동물.
누나: 남자가 형제나 친척 형제들 중에서 자기보다 나이가 많은 여자를 이르거나 부르는 말.
눈사람: 눈을 뭉쳐서 사람 모양으로 만든 것.

다람쥐: 몸은 붉은 갈색이며 등에 검은 줄무늬가 있고, 꼬리가 굵고 나무를 잘 오르는 작은 짐승.
다리: 사람이나 동물의 몸통 아래에 붙어, 서고 걷고 뛰는 일을 하는 신체 부위.
다리미: 뜨겁게 달구어서 옷이나 천 등의 구김을 펴는 도구.
당근: 붉은색 긴 뿔 모양의 단맛이 나는, 뿌리를 먹는 채소.
딸기: 줄기가 땅 위로 뻗으며, 겉에 씨가 박혀 있는 빨간 열매가 열리는 여러해살이풀. 또는 그 열매.
떡: 인절미, 송편 등과 같이 곡식 가루를 찌거나 삶아서 익힌 것을 빚어서 만든 음식.
떡볶이: 적당히 자른 가래떡에 간장이나 고추장 등의 양념과 여러 가지 채소를 넣고 볶은 음식.
도로: 사람이나 차가 잘 다닐 수 있도록 만들어 놓은 길.
도서관: 책과 자료 등을 많이 모아 두고 사람들이 빌려 읽거나 공부를 할 수 있게 마련한 시설.
도토리: 작은 타원형 모양에 갈색이며 겉이 단단한, 묵의 재료로 쓰이는 열매.
독수리: 갈고리처럼 굽은 날카로운 부리와 발톱을 가지고 있으며 빛깔이 검은 큰 새.
돋보기: 작은 것을 크게 보이도록 하려고 렌즈를 볼록하게 만든 안경.
동물원: 여러 동물들을 가두어 기르면서 사람들이 구경할 수 있도록 해 놓은 곳.
동생: 같은 부모에게서 태어난 형제나 친척 형제들 중에서 나이가 적은 사람을 이르거나 부르는 말.
돼지: 몸이 뚱뚱하고 다리와 꼬리가 짧고 눈이 작은, 고기를 먹기 위해 기르는 짐승.
된소리: 'ㄲ', 'ㄸ', 'ㅃ', 'ㅆ', 'ㅉ'과 같이 목구멍의 근육을 긴장하여 내는 소리.
똥: 사람이나 동물이 먹은 음식물이 소화되어 몸 밖으로 나오는 냄새 나는 찌꺼기.
두꺼비: 모양은 개구리와 비슷하나 크기는 그보다 크며 몸은 어두운 갈색
두더지: 뾰족한 주둥이와 튼튼한 발로 땅속에서 굴을 파고 다니며 벌레를 먹고 사는 쥐같이 생긴 동물.

두부: 콩을 갈아서 만든 희고 부드러운 음식.
뒤: 향하고 있는 방향의 반대쪽.

라디오: 방송국에서 보내는 전파를 받아 음성으로 바꿔 주는 기계 장치.
로봇: 사람의 전체 모습이나 몸의 한 부위와 비슷하게 만들어서 사람이 하는 행동이나 작업 등을 할 수 있도록 만든 기계.
리코더: 세로로 들고 여덟 개의 구멍을 손가락으로 막았다 떼었다 하면서 입으로 공기를 불어 넣어 소리를 내는 악기.

마이크: 소리를 전류로 바꾸어 소리가 크게 나게 하는 기계.
모음: 사람이 목청을 울려 내는 소리로, 공기의 흐름이 방해를 받지 않고 나는 소리.
마스크: 병균이나 찬 공기 등을 막기 위하여 입과 코를 가리는 물건.
매미: 1.2~8 센티미터 정도의 몸에 투명한 날개가 있고 수컷이 나무에 붙어 시끄럽게 우는 여름 곤충.
머리: 사람이나 동물의 몸에서 얼굴과 머리털이 있는 부분을 모두 포함한 목 위의 부분.
모서리: 물건의 모가 진 가장자리.
모자: 예의를 차리거나 추위나 더위 등을 막기 위해 머리에 쓰는 물건.
무: 김치 등을 만드는, 색깔이 희고 팔뚝만 한 크기의 뿌리에 깃 모양의 잎이 있는 채소.
무궁화: 여름부터 가을까지 피며, 흰색, 보라색, 붉은 색 등의 꽃잎이 종 모양으로 넓게 피는 꽃.
무늬: 장식하기 위해 넣은 여러 가지 모양.

바구니: 대, 플라스틱 등을 엮어 속이 깊숙하게 만든 그릇.
바나나: 길고 굽은 모양으로 껍질이 노랗고 잘 벗겨지며 흰 살이 달고 부드러운 열대 과일.
바둑: 가로와 세로로 줄이 그어진 네모난 판에 두 사람이 각각 흰 돌과 검은 돌을 번갈아 놓으며 승부를 겨루는 놀이.

박쥐: 주로 동굴이나 숲에 살며 밤에 활동하고 쥐와 비슷하게 생겨서 날아다니는 동물.
발: 사람이나 동물의 다리 맨 끝 부분.
발음: 말소리를 냄. 또는 그 말소리.
밤낮: 밤과 낮.
배추: 길고 둥근 잎이 포개져 자라는, 속은 누런 흰색이고 겉은 녹색이며 김칫거리로 많이 쓰이는 채소.
빵: 밀가루를 반죽하여 발효시켜 찌거나 구운 음식.
뽀뽀: 몸의 한 부분에 입술을 갖다 댐. 또는 그 일.
버드나무: 4월 무렵에 어두운 자주색의 꽃이 피고 녹색 잎이 붙은 가늘고 긴 가지가 있으며 개울가나 습지에 잘 자라는 나무.
버스: 돈을 받고 정해진 길을 다니며 많은 사람을 실어 나르는 큰 자동차.
버터: 주로 빵에 발라 먹거나 요리에 쓰는, 우유에 있는 지방을 굳혀서 만든 노란색의 식품.
병아리: 아직 다 자라지 못한 새끼 닭.
병원: 시설을 갖추고 의사와 간호사가 병든 사람을 치료해 주는 곳.
보자기: 물건을 싸는 데 사용하는 네모난 천.
부리: 단단하고 뾰족한 새의 주둥이.
부츠: 발목이나 종아리, 무릎까지 올라오는 목이 긴 구두.
브로치: 옷의 깃이나 가슴에 다는 장신구.
비: 높은 곳에서 구름을 이루고 있던 수증기가 식어서 뭉쳐 떨어지는 물방울.
비누: 물을 묻혀서 거품을 내어 몸이나 옷에 묻은 때를 씻는데 쓰는 물건.
비빔밥: 고기, 버섯, 계란, 나물 등에 여러 가지 양념을 넣고 비벼 먹는 밥.
비행기: 사람이나 물건을 싣고 하늘을 날아다니는 탈것.
뿌리: 땅속으로 뻗어서 물과 양분을 빨아올리고 줄기를 지탱하는 식물의 한 부분.

사과: 모양이 둥글고 붉으며 새콤하고 단맛이 나는 과일.
사자: 몸집이 크고 사나우며 수컷은 뒷머리와 앞가슴에 긴 갈기가 있는 동물.
산: 평평한 땅보다 훨씬 높이 솟아 있고 대개 나무, 풀, 바위 등이 있는 땅.
상어: 지느러미가 크고 날카로운 이를 가졌으며, 성질이 매우 사납고 무엇이든 잡아먹는 바다에 사는 물고기.
상처: 몸을 다쳐서 상한 자리.
새싹: 씨나 줄기 등에서 새로 나오는 잎.
선생님: 학생을 가르치는 사람.

소: 몸집이 크고 갈색이나 흰색과 검은색의 털이 있으며, 젖을 짜 먹거나 고기를 먹기 위해 기르는 짐승.
소나무: 잎이 바늘처럼 길고 뾰족하며 항상 푸른 나무.
소라: 둥글둥글하게 돌아간 모양의 딱딱한 껍데기로 몸을 둘러싸고 있는, 사람이 먹을 수 있는 바다 동물.
소리: 물체가 진동하여 생긴 음파가 귀에 들리는 것.
소방관: 화재를 막거나 진압하는 일을 하는 공무원.
수박: 둥글고 크며 초록 빛깔에 검푸른 줄무늬가 있으며 속이 붉고 수분이 많은 과일.
수프: 고기나 야채 등을 삶아서 국물을 내고 후추나 소금으로 맛을 더한 서양 요리.
순서: 어떤 일을 하거나 어떤 일이 이루어지는 차례.
숟가락: 밥이나 국 등을 떠먹는 데 쓰는, 둥글고 오목한 부분과 긴 손잡이가 있는 기구.
스웨터: 털실로 두툼하게 짠 상의.
스키: 나무나 플라스틱으로 만든 좁고 긴 기구를 타고 눈 위를 달리는 운동.
스티커: 앞면에 글이나 그림 등이 인쇄되어 있고 뒷면에는 접착 성분이 있어 다른 곳에 쉽게 붙일 수 있는 물건.
시계: 시간을 나타내는 기계.
시소: 길고 너른 판의 가운데를 고정하여, 그 양 끝에 사람이 타고 번갈아 오르락내리락하는 놀이 기구.
신호등: 도로에서 색이 있는 불빛으로 자동차나 사람의 통행을 지시하는 장치.

아기: 젖을 먹는 아주 어린 아이.
아빠: 주로 자녀 이름 뒤에 붙여 자녀가 있는 남자를 자식과 관련하여 이르거나 부르는 말.
아야: 갑자기 아픔을 느낄 때 나오는 소리.
아파트: 한 채의 높고 큰 건물 안에 여러 가구가 독립하여 살 수 있게 지은 주택.
앞치마: 주로 부엌일을 할 때 옷이 더러워지지 않도록 몸 앞에 두르는 치마.
야구: 아홉 명씩으로 이루어진 두 팀이 공격과 수비를 번갈아 하며, 상대 선수가 던진 공을 방망이로 치고 경기장을 돌아 점수를 내는 경기
약국: 약사가 약을 만들거나 파는 곳.
얘기: 어떠한 사실이나 상태, 현상, 경험, 생각 등에 관해 누군가에게 하는 말.

어깨: 목의 아래 끝에서 팔의 위 끝에 이르는 몸의 부분.
어머니: 자녀가 있는 여자를 자식과 관련하여 이르거나 부르는 말.
여우: 개와 비슷하나 몸이 더 홀쭉하고, 누런 갈색 또는 붉은 갈색이며, 길고 뾰족한 주둥이와 굵고 긴 꼬리를 지닌 동물.
연필: 가늘고 긴 검은색 심을 나무 막대 속에 넣어 글씨를 쓰거나 그림을 그릴 때 쓰는 도구.
열쇠: 잠금 장치를 잠그거나 열 수 있게 하는 도구.
오리: 부리가 넓적하고 발가락 사이에 물갈퀴가 있어 헤엄을 잘 치는 동물.
오이: 여름에 노란 꽃이 피고 초록색의 긴 타원형 열매가 열리는 식물. 또는 그 열매.
옥수수: 줄기가 높고 잎이 길며 수염 같은 꽃이 피는 식물의 알갱이가 촘촘한 열매.
요리사: 음식 만드는 것을 직업으로 하는 사람.
우산: 긴 막대 위에 지붕 같은 막을 펼쳐서 비가 올 때 손에 들고 머리 위를 가리는 도구.
우유: 암소의 젖으로, 아이스크림, 버터, 치즈 등을 만드는 데 사용하는 흰 액체.
우주선: 우주 공간을 날아다닐 수 있도록 만든 물체.
원리: 사물의 본질이나 바탕이 되는 이치.
웨딩드레스: 결혼식을 할 때, 신부가 입는 서양식 옷.
유모차: 어린아이를 태우고 다니는 조그만 수레.
윷놀이: 편을 갈라 교대로 윷을 던져 윷판 위의 말을 움직여 승부를 겨루는 놀이.
의사: 일정한 자격을 가지고서 병을 진찰하고 치료하는 일을 직업으로 하는 사람.
의자: 사람이 엉덩이와 허벅지를 대고 걸터앉는 데 쓰는 기구.
이구아나: 몸의 길이는 1.5~2미터이고 꼬리가 길며, 어두운 녹색에 검은색 얼룩무늬가 있으며, 등에 날카로운 가시 모양의 돌기가 머리에서 꼬리까지 줄지어 있는 동물.
이름: 다른 것과 구별하기 위해 동물, 사물, 현상 등에 붙여서 부르는 말.
이사: 살던 곳을 떠나 다른 곳으로 옮김.

자전거: 사람이 올라타고 두 발로 발판을 밟아 바퀴를 굴려서 나아가는 탈것.
장갑: 천, 실, 가죽 등으로 만들어 손을 보호하거나 추위를 막기 위하여 손에 끼는 물건.

잠자리: 가늘고 긴 몸에 두 쌍의 얇고 투명한 그물 모양의 날개를 지닌 곤충.
장난감: 아이들이 가지고 노는 여러 가지 물건.
장미: 줄기에 가시가 있고 오월이나 유월에 향기롭게 피는 빨간색, 하얀색, 노란색 등의 꽃.
전화기: 말소리를 전파나 전류로 보내 멀리 떨어져 있는 사람이 서로 이야기할 수 있게 만든 기계.
접시: 음식을 담는 데 쓰는 납작하고 평평한 그릇.
젓가락: 음식을 집어 먹거나 물건을 집는 데 쓰는 한 쌍의 가늘고 긴 도구.
조개: 바닷물이나 민물에서 사는, 단단하고 둥글고 납작한 두 쪽의 껍질 속에 사람이 먹을 수 있는 살이 들어있는 동물.
조용히: 아무 소리도 들리지 않게.
주사기: 사람이나 동물의 몸에 액체로 된 약물을 넣는 데 쓰는 기구.
주사위: 작은 상자 모양의 각 면에 하나에서 여섯까지의 점이 새겨져, 바닥에 던져 윗면에 나온 수로 승부를 겨루는 놀이 도구.
주스: 과일이나 채소에서 짜낸 즙. 또는 그것으로 만든 음료.
지구: 현재 인류가 살고 있는, 태양계의 셋째 행성.
지느러미: 물고기나 물에 사는 동물이 물속에서 몸의 균형을 유지하거나 헤엄치는 데 쓰는 기관.
찌꺼기: 액체 속에 있다가 액체가 다 빠진 뒤에 바닥에 남은 나머지.

차례: 어떤 일을 하거나 어떤 일이 일어나는 순서.
참외: 색이 노랗고 단맛이 나며 주로 여름에 먹는 열매.
초: 불을 붙여 빛을 내는 것.
최고: 가장 좋거나 뛰어난 것.
치마: 여자가 입는 아래 겉옷으로 다리가 들어가도록 된 부분이 없는 옷.
치즈: 우유에서 단백질이 많은 성분을 뽑아내고 굳혀서 발효시킨 음식.
치타: 회색 또는 갈색 바탕에 검은색 점 모양의 무늬가 많이 있고 매우 빨리 달리는 동물.

카드: 특별한 날을 기념하거나 인사를 전하기 위해 그림이나 장식, 글 등을 인쇄한 종이.

커피: 독특한 향기가 나고 카페인이 들어 있으며 약간 쓴, 커피나무의 열매로 만든 진한 갈색의 차.
컴퓨터: 전자 회로를 이용하여 문서, 사진, 영상 등의 대량의 데이터를 빠르고 정확하게 처리하는 기계.
컵: 물이나 음료를 담는 그릇.
케이크: 밀가루에 달걀, 버터, 우유, 설탕 등을 넣어 반죽하여 오븐에 구운 뒤 생크림이나 과일 등으로 장식한 빵.
코: 숨을 쉬고 냄새를 맡는 몸의 한 부분.
코끼리: 매우 긴 코와 두 개의 큰 어금니가 있는, 육지에 사는 동물 가운데 가장 큰 동물.
쿠키: 밀가루 반죽에 여러 가지 재료를 넣고 구운 서양식 과자.
크레파스: 크레용과 파스텔의 특징을 따서 만든 막대 모양의 색칠 도구.

타조: 다리와 목이 길고 날지는 못하지만 잘 달리는 큰 새.
태권도: 한국 전통 무술에 바탕을 둔, 손과 발 등을 사용해 차기, 지르기, 막기 등의 기술로 공격과 방어를 하는 운동.
태극기: 대한민국의 국기.
태양: 태양계의 중심에 있으며 온도가 매우 높고 스스로 빛을 내는 항성.
토끼: 귀가 길고 뒷다리가 앞다리보다 발달하였으며 꼬리는 짧은 동물.
투수: 야구에서, 상대편의 타자가 칠 공을 포수를 향해 던지는 선수.
튜브: 수영할 때 사용하는 것으로, 타이어처럼 생겼는데 가운데 구멍이 뚫려 있고 공기를 넣게 되어 있는 물건.
튤립: 봄에 흰색, 노란색, 자주색 등의 넓은 잎이 종 모양으로 어긋나게 피는 꽃.

파리: 주로 여름철에 음식물과 더러운 물질에 몰려들며 콜레라 등의 전염병을 옮기는, 날아다니는 작은 곤충.
퍼즐: 풀면서 두뇌 활동이 좋아지고 재미도 얻도록 만든 알아맞히기 놀이.
포도: 달면서도 약간 신맛이 나는 작은 열매가 뭉쳐서 송이를 이루는 보라색 과일.
푸들: 애완용 개의 한 품종.
피겨: 스케이트를 타고 얼음판 위에서 여러 가지 동작을 하여 기술의 정확성과 예술성을 겨루는 운동.

피아노: 검은색과 흰색 건반을 손가락으로 두드리거나 눌러서 소리를 내는 큰 악기.
피자: 이탈리아에서 유래한 것으로 둥글고 납작한 밀가루 반죽 위에 토마토, 고기, 치즈 등을 얹어 구운 음식.

하마: 입이 크고 넓적하며, 다리가 짧고 굵으며 몸집이 큰 동물.
학교: 일정한 목적, 교과 과정, 제도 등에 의하여 교사가 학생을 가르치는 기관.
한복: 한국의 전통 의복.
할아버지: 아버지의 아버지, 또는 어머니의 아버지를 이르거나 부르는 말.
해바라기: 높이는 2미터 정도이고, 늦여름에 피는 노랗고 둥글넓적한 큰 꽃.
햄스터: 몸이 통통하며 볼주머니가 있는 애완용 쥐.
허리: 사람이나 동물의 신체에서 갈비뼈 아래에서 엉덩이뼈까지의 부분.
허수아비: 곡식을 해치는 새나 짐승을 막기 위해 막대기, 짚, 헝겊 등으로 만들어 논밭에 세우는 사람 모양의 물건.
혀: 사람이나 동물의 입 안 아래쪽에 있는 길고 붉은 살덩어리.
호두: 껍데기는 단단하며 속살은 지방이 많고 맛이 고소한, 호두나무의 열매.
호랑이: 누런 갈색의 몸에 검은 줄무늬가 있고, 다른 동물을 잡아먹고 사는 몸집이 큰 동물.
화가: 그림을 전문적으로 그리는 사람.
화장실: 대변과 소변을 몸 밖으로 내보낼 수 있게 시설을 만들어 놓은 곳.
회초리: 사람이나 동물을 때릴 때에 쓰는 가는 나뭇가지.
후추: 검고 동그란 모양이며 매운 맛과 향기가 나 주로 음식의 양념으로 쓰는 열매.
훈민정음: 조선 시대 세종 대왕이 만들어 낸, 한국어를 적는 글자.
흐리다: 분명하거나 또렷하지 않다.
휴지: 더러운 것을 닦는 데 쓰는 얇은 종이.
희망: 앞일에 대하여 기대를 가지고 바람.

 출처 : 국립국어원 한국어 기초 사전 (외국인을 위한 한국어 학습사전)

훈민정음 제자원리로 깨치는
10일 한글 쓰기

초판인쇄   2016년 10월 1일
초판2쇄발행 2019년 10월 1일
지은이 홍솔
펴낸이 조현주

펴낸곳 나무와가지

출판등록 제 2014-000205호 (2014년 11월 07일)
주소 06782 서울특별시 서초구 논현로 11길 9, 303호(양재동, 드림빌리지)
전화번호 02-575-9579   팩스 02-583-3108
홈페이지   www.나무와가지.com   전사우편 namu-gaji@hanmail.net

기획, 편집 홍솔
그림지도 서인천 화백 (서인천 화실)
표지 디자인 조윤주 (컴퓨터 그래픽 디자이너)
필름출력 오민수
인쇄 및 제본 서울문화인쇄

ISBN 979-11-954080-6-1   (73700)   값 10,000 원

* 이 책의 판권은 지은이와 나무와가지 에 있습니다.
* 양측의 서면 동의 없는 무단 전재 및 복제를 금합니다.
* 잘못된 책은 바꿔드립니다
* 주의사항
  날카로운 부분에 손이 베이지 않도록 주의하십시요.